Vereinscoaching

Praxiswissen für Vereinscoaches und Vereinsverantwortliche

Über diesen Leitfaden

Vereine stehen vor neuen Herausforderungen: Mitgliederstrukturen verändern sich und klassische Organisationsformen und Rollen der Verantwortlichen kommen an die Grenzen. Vom Coaching als effektives Werkzeug, Unternehmen und Organisationen in Veränderungsprozessen zu begleiten, profitieren gerade auch Vereine und ihre Führungskräfte. Doch Vereinscoaching führt zu unrecht noch ein Schattendasein. Dieser Leitfaden richtet sich bewusst an Vereine, an Vereinscoaches und alle, die wissen wollen, was beim Vereinscoaching zu beachten ist. Von den unterschiedlichen Sichtweisen auf den Coachingprozess profitieren sowohl Coach als auch Verein. Dieses Skript vertieft die Vereinscoachausbildung des Schwäbischen Chorverbandes und ist zugleich ein kurzgehaltenes Nachschlagewerk für alle Phasen des Coachingprozesses.

Autor

Siegfried Bütefisch ist Dipl. Grafik Designer und Coach. Er begleitet, berät und trainiert Organisationen, Unternehmen und Vereine im Bereich Marketing und Organisation – und ein leidenschaftlicher Sänger ist er auch.

Inhalt

Die Deutsche Nationalbibliothek verzeichnet
diese Publikation in der Deutschen National-
bibliografie, detaillierte bibliografische Daten
sind im Internet über dnb.d-nb.de abrufbar.

1. Auflage 2015
Herausgeber: Schwäbischer Chorverband e. V.
© 2015 Schwäbischer Chorverband e. V.
Autor: Siegfried Bütefisch, Schlaitdorf
Satz und Layout: www.buetefisch.de
Herstellung und Verlag:
BoD – Books on Demand, Norderstedt
Titelbild: 123rf

ISBN 978-373-475-405-0

Vorwort

Was ist Coaching?

Eine gute Definition finden wir beim freien Onlinelexikon Wikipedia:
„Der Begriff Coaching stammt vom englischen „to coach" (betreuen, trainieren) und bezeichnet eine Vielzahl von Trainings- und Beratungskonzepten zur Entwicklung und Umsetzung persönlicher oder beruflicher Ziele und der dazu notwendigen Kompetenzen. Beispiele sind Führungs-, Umsetzungs- und Selbstmanagementkompetenzen. Der Begriff Coach ist nicht geschützt. Es gibt keine staatlich anerkannte Ausbildung oder wissenschaftlich fundierte Qualitätsstandards für diese Tätigkeit. Die Qualität der Coaching-Angebote reicht von Scharlatanerie bis hin zu qualitativen Mindestanforderungen, wie sie im Psychotherapeutengesetz festgelegt sind."

Was heißt Vereinscoaching konkret?

Durch Reflexions- und Zielgespräche, Workshops und Trainings werden beispielsweise das Führungsteam und möglichst viele Vereinsmitglieder fit gemacht, notwendige Veränderungen einzuleiten. Vereinscoaching ist Hilfe zur Selbsthilfe in einem überschaubaren Kosten- und Zeitrahmen. Dazu gehören unter anderem:

- die umfassende Analyse der Ist-Situation

- das Herausarbeiten der Ziele

- das Besinnen auf die Stärken und Schwächen des Vereins und einzelner Mitglieder

- die Schärfung des Profils

- die Beseitigung von Hemmnissen

- die Verbesserung der Abläufe

- die Führungs- und Kommunikationskultur

- Stärkung des Wir-Gefühls und der Bereitschaft sich einzubringen

- mehr Verbindlichkeit, mehr Einsatz und Motivation

- die Fähigkeit, Weichen für eine gute Zukunft zu stellen.

Verein und Vereinscoach sind Partner

Je besser die Beziehung umso besser die Wirkung

Eine Coachingbeziehung lebt von kritischer Distanz und von Vertrauen. So richtet sich dieser Leitfaden bewusst an Vereine und zugleich an Vereinscoaches (die grau hinterlegten Seiten). Je mehr beide von einander wissen und sich auf ihre Rolle und ihre Aufgaben besinnen, umso mehr Wirkung wird das Coaching haben.

Nicht nur zum Lesen

Dieser Leitfaden ist eine Arbeitshilfe und beruht auf den Erfahrungen erfolgreicher Coachingmaßnahmen für Vereine unterschiedlicher Größe. Trotzdem: Glauben Sie nichts ungeprüft, nur weil Sie es in Buchform gedruckt in den Händen halten und diese Impulse bei anderen funktioniert haben. Erfolgreiches Coaching ist so individuell wie jeder Verein und jeder Coach. Lassen Sie sich von diesem Leitfaden inspirieren!

Lassen Sie sich ermutigen, mit Engagement die Dinge zu tun, die getan werden müssen, um nachhaltige Veränderungen zu bewirken. Markieren Sie, schreiben Sie Notizen hinein und machen Sie den Leitfaden so zu Ihrem eigenen.

Bevor es richtig losgeht, einen Blick in die Vergangenheit

Machen Sie sich einmal bewusst, in welcher Zeit Vereinsleben und Vereinsstrukturen entstanden sind. Es war eine Zeit, in der Könige und Kaiser noch Befehle erteilten. Zu Vereinsveranstaltungen ging man zu Fuß. Und wer etwas zu sagen hatte (und das waren viel zu lange nur die Männer), sagte es persönlich oder schrieb einen Brief (wenn man schreiben konnte). Es war aber auch eine Zeit des Aufbruchs, des Erwachens des bürgerlichen Engagements! Heute stehen Vereine vor anderen Herausforderungen: Wir sind mobil, Smartphon und Computer sind Teil unseres Lebens. Wir haben ein Überangebot an Möglichkeiten und vielleicht gerade auch deshalb wenig Zeit – auch für den Verein. Die Welt ist kleiner geworden, der Wettbewerb größer. Aber sicher ist, Vereine, die den Menschen das bieten, was sie suchen, haben eine gute Zukunft!

Sie sind gefordert

Ist Ihr Verein gut aufgestellt, diese Herausforderungen zu meistern? Sind Sie als Vereinsverantwortliche bereit, Vereinsziele und Vereins-strukturen an die Bedürfnisse der Mitglieder und neuer Zielgruppen anzupassen? Sind Sie als Vereinscoach motiviert und gut aufgestellt, den Verein so zu begleiten, dass sich die Investition für den Verein lohnt?

Dann viel Spaß beim Lesen und Handeln.

Vorüberlegungen

Für Vereinsverantwortliche
Was spricht für ein Vereinscoaching?

Entwicklung statt Stillstand
Leben heißt Bewegung. Heißt Licht und Schatten. Heißt, nichts wird bleiben wie es war. Überlegen Sie: Was war gestern, wie steht es heute um den Verein und wie wird die Zukunft wahrscheinlich aussehen? Geht es vorwärts oder abwärts? Und sind Sie sich im Verein überhaupt darüber einig, wo es hingehen soll? Haben Sie eine Vorstellung, was Ihren Verein voranbringt und was ihn hemmt?

10 Fragen zur Bestandaufnahme
Überprüfen Sie die folgende Liste: Was trifft auf Ihren Verein zu?

1. Nachwuchssorgen und Mitgliederschwund
2. Grüppchenbildung – geringes Wir-Gefühl
3. Reibungsverluste durch schlechte Absprachen und Strukturen
4. Konflikte, die das Vereinsleben erschweren
5. Ein Generationswechsel steht an
6. Finanzielle Schieflage
7. Differenzen hinsichtlich den Zielen und der Zukunftsorientierung
8. Überlastung von Einzelnen
9. Zu wenig Engagierte für Aufgaben und Ämter
10. Lethargie hemmt notwendige Entscheidungen

Bei einigen „JAs" wird Ihr Verein von einem Vereinscoaching profitieren. Bei vielen „JAs" sollten Sie handeln, bevor es zu spät ist!

Was können Sie vom Vereinscoaching erwarten?

Blick für Zusammenhänge

Probleme und Lösungen sind vielschichtig: Vieles geht mit mehr fachlicher Kompetenz und guten Ideen voran – und weniges lässt sich nicht ändern. Doch das große Potenzial der Veränderung liegt im menschlichen und zwischenmenschlichen Bereich. Es reicht nicht, wenn wenige „den Karren ziehen". Sie brauchen den Rückhalt der Schweigenden und der zu recht und unrecht Enttäuschten. Sie brauchen Mitstreiter, die gerne dabei sind und dabei sein wollen, weil die Vereinsziele mit ihren eigenen Bedürfnissen übereinstimmen. Bedürfnisse verändern sich im Laufe der Zeit – darauf muss der Verein reagieren!

Balance finden

Altes und Neues. Verrücktes und Bewährtes. Pflicht und Spaß. Fordern und Fördern. Vereinscoaching hilft den Blick zu weiten. Dazu zählt andere Meinungen und Absichten zunächst voruteilslos anzuhören und nicht sofort abzutun. Gut Gemeintes kann scheitern und Chancen bergen Risiken. Ihr Verein braucht mutige Voranschreiter und kluge Nachdenker. Fördern und fordern Sie deshalb Toleranz, Achtung und Respekt für den anderen.

Erkennen, handeln, überprüfen

Ein guter Vereinscoach hält dem Verein den Spiegel vor und manchmal die Lupe. Er macht Mut, zu den Stärken und Schwächen zu stehen. Er stellt Fragen – manchmal sind es gerade die provokativen – die den Verein weiterbringen. Er kann dazu beitragen, an einem Strang zu ziehen und Konflikte zu lösen. Er motiviert, Notwendiges anzupacken und die vorhandenen Ressourcen zu nutzen. Er macht nicht Ihre Arbeit, aber er unterstützt den Verein, die Arbeit anzupacken. Er hilft dabei zu prüfen, ob der Verein auf dem vereinbarten Weg vorankommt.

Neutralität

Sie kennen den Spruch *„Der Prophet gilt nichts im eigenen Land".* So kann ein externer Coach Dinge sagen, bei denen Vereinsverantwortliche mehr als schiefe Blicke ernten würden. Zudem ist der Blick von außen unvoreingenommen. Wer neu auf den Verein trifft, kann unbefangen an die Sache heran- und auf Menschen zugehen. Ein guter Vereinscoach mit spezieller Fachkenntnis bringt außerdem entsprechende Kompetenz und Erfahrungen ein, von denen der Verein direkt profitiert.

Vereinscoaching kostet!

Von „nix kommt nix". Ihr Verein wird Geld in die Hand nehmen müssen, um etwas zu erreichen. Sie und Ihre Mitstreiter und am besten viele Vereinsmitglieder müssen Zeit dafür investieren. Die Investition für Coaching ist vergleichbar mit dem Schärfen einer Säge, um später schneller voranzukommen.

Es wird auch anstrengend werden

Sie werden manche Schritte gegen den Wind gehen müssen, bevor Sie Rückenwind haben. Sie werden Überzeugungsarbeit für die Investition „Vereinscoaching" leisten müssen. Aber es wird Sie garantiert auch motivieren zu sehen, wie Ihr Verein vorankommt.

Machen Sie den ersten Schritt – jetzt gleich

Checkliste: Ihr Verein unter der Lupe

Sie können anhand der folgende Checkliste schon dem Vereinscoach zuarbeiten. So wissen Sie, wo Sie jetzt stehen und wo Handlungsbedarf besteht. Sie werden davon aber nur profitieren, wenn Sie die Fragen nicht nur durchlesen, sondern ehrlich beantworten – am besten schriftlich. Lassen Sie sich von diesen Fragen inspirieren noch weiter nachzufragen. Wenn Sie es besonders gut machen wollen, nutzen Sie die Fragen schon dazu, andere Meinungen zu erfragen. Versuchen Sie auch, die menschlichen Beweggründe hinter den sachlichen Aspekten zu erkennen. Seien Sie sich sicher – es menschelt immer. Probleme haben einen sachlichen und einen emotionalen Aspekt. Es geht selten nur um die Sache – es geht immer zugleich um die Gefühle und das Befinden der Akteure. Gerade in diesem emotionalen Bereich kann der Vereinscoach viel bewegen. Nun aber an die Fragen – es kostet ein wenig Zeit, die aber wird sich lohnen, garantiert!

Fragen zum Vereinsprofil und Leitbild

- Gibt es eine Stärken- und Schwächenanalyse als Grundlage eines Vereinsprofils? Gibt es so ein ausformuliertes Vereinsprofil? Haben Sie eine Ahnung, was über den Verein und bestimmte Personen gesagt wird – intern und extern?

- Haben Sie dieses Vereinsprofil treffend und schriftlich zusammengefasst? Wirkt dieses Profil attraktiv auf Sie, auf die Zielgruppe?

- Wissen Sie um die Bedürfnisse der Vereinsmitglieder und der Zielgruppen? Sind es Mutmaßungen oder haben Sie diese Dinge im Gespräch erfahren?

- Haben Sie aus dem Profil ein Leitbild entwickelt, in dem die Zukunftsziele, die Werte sowie die Qualitätsmaßstäbe schriftlich festgehalten sind?

- Wer alles im Verein kennt dieses Profil bzw. Leitbild? Wird dieses Leitbild auch wirklich gelebt? Oder ist das Leitbild nur schöne Verpackung unter der sich Probleme verbergen?

Fragen zur Vereinsstruktur und den organisatorischen Abläufen

- Haben Sie aufgrund des Profils und des Leitbildes die Satzung kritisch hinterfragt und gegebenenfalls angepasst?

- Sind in Ihrem Verein Kompetenzen, Ämter und Aufgabenverteilungen verbindlich geregelt und klar kommuniziert?

- Werden Ihre haupt- und nebenberuflichen Mitarbeiter durch eine Art Organisationshandbuch unterstützt?

- Sind Sitzungen und Besprechungen effizient?

- Funktioniert die kurz-, mittel und langfristige Planung? Wird diese Planung entsprechend umgesetzt und überprüft?

- Was entscheidet bei der Besetzung von Ämtern mehr: persönliche Beziehungen oder fachliche Qualifikation?

- Entlasten (bezahlte oder nicht bezahlte) MitarbeiterInnen die Vorstände ausreichend von Verwaltungsaufgaben?

- Wird die Ein- und Ausgabenpolitik im Sinne des Leitbildes und der Zukunftssicherung des Vereins genutzt?

- Werden die Grenzen der eigenen Kompetenz erkannt und wird entsprechend auf professionelle Hilfe zurückgegriffen?

- Werden externe Dienstleister (Organisation, Finanzen, Steuer, Recht, EDV, Internet, Marketing, Werbung etc.) in Bereichen, wo es offensichtlich an Know-How fehlt, in Anspruch genommen?

- Welche Note würden Sie als Beteiligter Ihrem Führungsteam geben?

- Sind Sie ein harmonisches Führungsteam? Wirklich?

- Wie glauben Sie, werden Sie von den aktiven und passiven Mitgliedern wahrgenommen? Welches Bild hat Ihr Verein in der Öffentlichkeit?

- Welche drei wichtigen Punkte können schnell verbessert werden?

Kommunikationskultur im Verein

- Werden wichtige Beschlüsse und deren Hintergründe offen kommuniziert? Werden dazu die Kommunikationsmedien genutzt, die sowohl Jung als auch Alt erreichen?

- Werden wichtige Dinge schriftlich festgehalten?

- Werden Diskussionen in einer Atmosphäre des Respekts und der Achtung vor anderen Meinungen geführt?

- Gibt es inoffizielle Informationskanäle an der Vorstandschaft vorbei?

- Werden Konflikte überwiegend fair ausgetragen? Werden auch unschöne Dinge klar angesprochen? Wie wird mit Fehlern umgegangen?

- Können Ideen und Meinungen eingebracht werden und finden diese bei den Verantwortlichen Gehör?

- Welche Personen verschaffen sich offensiv Gehör? Wie erreichen Sie die Schweigenden und Stillen?

- Wissen die Vereinsverantwortlichen über die Fähigkeiten und Beziehungen (vor allem abseits des Vereins) der Mitglieder Bescheid?

- Herrscht ein gutes Wir-Gefühl? Entstehen Freundschaften über den Verein hinaus?

Marketing und Werbung, Kommunikation nach außen

- Passt die interne und externe Kommunikationskultur zusammen. Ergänzen sie sich?

- Präsentiert sich der Verein nach innen und außen visuell einheitlich? Ist die Identität am Erscheinungsbild (CI) erkennbar? Wirkt die mediale Präsenz professionell.

- Ist Ihr Werbe- und Öffentlichkeitsarbeitsteam erfolgreich?

- Wirkt das Auftreten des Vereins, auch der Medienauftritt, professionell?

- Sind die Werbeziele klar formuliert? Ist ein entsprechendes Budget vorhanden, diese Ziele zu erreichen?

- Sollten Sie sich um bestimmte Zielgruppen noch mehr bemühen? Werden diese wirkungsvoll angesprochen?

- Organisiert Ihr Verein Freizeit- und Kulturangebote für Kinder und Jugendliche? Gibt es Schnupperangebote für alle Zielgruppen?

- Sind Sie mit dem Erfolg Ihrer Werbeaktivitäten zufrieden? Welche Aktionen waren für Sie erfolgreich, welche nicht? Hat dies etwas mit dem Budget bzw. persönlichem Engagement zu tun gehabt?

- An welche Dinge denken Sie, wenn Sie an Nachwuchsförderung denken?

- Werden gezielt Kontakte zu Kooperationspartnern, Sponsoren und anderen Unterstützern geknüpft?

- Werden die Vereinsinteressen im gesellschaftlichen Umfeld angemessen vertreten?

- Wird gezielt Imagepflege getrieben? Entspricht dieses Image Ihrem Leitbild?

- Wie ist öffentlich der Umgang mit Vereinsproblemenß Wie würden Sie Ihr Krisenmanagement bewerten?

- Bringt Ihr Verein dem Gemeinwesen einen zusätzlichen Nutzen z. B. durch soziales Engagement?

- Sind die Mitglieder und der Freundeskreis die beste Werbung, da sie ihre Begeisterung nach außen tragen?

- Lernen Sie von anderen? Haben Sie im Blick, mit welchen Maßnahmen andere Vereine schon Erfolg gehabt haben?

- Ist den Mitgliedern bewusst, dass sie im Bereich Werbung aktiv werden können und sollten? Mit was kann der Verein die Mitglieder dabei unterstützen?

Motivation

- Werden Angebote zur Fort- und Weiterbildung auf allen Vereins-ebenen genutzt? Besteht das Bestreben, den Verein (noch) attraktiver zu machen?

- Fällt es leicht, Mitglieder und sogar Nichtmitglieder für ehrenamtliches Engagement zu gewinnen? Gibt es dazu gute Ideen?

- Sind Vereinsaktivitäten überwiegend mit Engagement, Leidenschaft und Spaß verbunden? Nehmen Sie mehr lachende Gesichter oder mehr gestresste Gesichter wahr.

- Werden Dank und Anerkennung angemessen ausgedrückt, so dass es auch ankommt?

- Wird zuviel Arbeit auf wenige Schultern verteilt? Besteht die Gefahr, dass manche ausbrennen oder schon ausgebrannt sind?

- Fragen Sie bei Beendigung von Mitgliedschaften nach den Gründen? Haben diese Gründe häufig mit Frust zu tun?

- Werden Konflikte unter den Tisch gekehrt? Machen die Verantwortlichen Konfliktlösung zur Chefsache und zeigen klares Profil?

- Können sich Menschen in Ihrem Verein verwirklichen und so aktiv den Verein mitgestalten?

- Schätzen Sie: Wie viele Ihrer Mitglieder sind davon überzeugt, in dem für Sie besten Verein mitzuwirken? Wieviel Prozent Ihrer Mitglieder sind auf dem Absprung?

Vereinszweck

- Wie wichtig ist Leistung und Qualität? Für Sie? Für die Zukunft? Für spezielle Zielgruppen?

- Ist es möglich, sich in unterschiedlicher Intensität einzubringen? Fühlen sich Mitglieder mit weniger Talent und Anfänger wohl? Stimmt die Mischung aus Fördern und Fordern?

- Welche Angebote haben Sie, um Sängerinnen und Sänger zu qualifizieren? werden diese Angebote angenommen?

- Gelingt es dem Chorleiter, die Sänger zu motivieren – in der Probe, in der Phase des Probens für den Auftritts, beim Konzert?

- Stimmt das Repertoire? Wird auf Wünsche eingegangen?

- Sind die Probenzeiten optimal? Gibt es Ideen für eine bessere Probendisziplin?

- Sind Sie mit anderen Vereinen und den Fachverbänden vernetzt? Pflegen Sie regelmäßigen Austausch?

- Interessieren Sie sich für Entwicklungen im Bereich Ihres Vereinsumfeldes?

- Wie sehen Sie das Thema Wettbewerb zu anderen Vereinen mit gleichem Vereinszweck?

- Welche drei Dinge sollten Sie tun, damit Ihr Verein musikalisch besser wird?

Der nächste Schritt, die nächsten Schritte

Erste schnelle Erfolge

Wie geht es Ihnen jetzt, nach dem Beantworten dieser Fragen? Was ist Ihnen nun in aller Deutlichkeit klar geworden? Notieren Sie die wichtigsten fünf Erkenntnisse. Wahrscheinlich fallen Ihnen schon erste Maßnahmen ein, einige Dinge zu verbessern und anzugehen. Welche Gespräche müssen Sie führen, um Lösungen voranzutreiben. Terminieren Sie jetzt gleich die nächsten Schritte im Kalender. Sie werden sehen, dass die schnell angepackten Dinge oft große Wirkung zeigen. Nehmen Sie den Schwung mit, begeistern Sie Mitstreiter dafür.

Die nächsten Schritte

Nun geht es um die Frage, welcher Vereinscoach für Sie der richtige ist. Wie Sie an der Frageliste gesehen haben, gibt es viele Vereinsbereiche, an denen es sich lohnt zu arbeiten und weiterzukommen. Ein ganz wesentlicher Punkt bei Chören ist der musikalische Aspekt. Der Vereinscoach muss also Bezug zur Musik und zum Singen haben! Wenn es konkret um musikalische Themen geht, macht es durchaus Sinn, in den Coachingprozess einen Musiker einzubeziehen – genauso wie es andere Bereiche gibt, wo weitere professionelle Hilfe notwendig werden kann. Sie als Verantwortlicher müssen hier die Entscheidung treffen, ob Professionalisierung sich rechnet, um für die Zukunft gut aufgestellt zu sein. Die Erfahrung zeigt, dass die Investition in mehr Qualität sich selbst für kleine Vereine auszahlt. Der Verein wird attraktiver und Abläufe vereinfachen sich.

Konkret einen guten Vereinscoach finden

Die Geschäftsstelle des Schwäbischen Chorverbandes unterstützt Sie gerne dabei. Lesen Sie doch gleich einmal auf den Seiten für Vereinscoaches weiter ...

Für Vereinscoaches

Was muss ein Vereinscoach können und mitbringen?

Vereinscoaches sind selten Coachingprofis

Übliche Tagessätze professioneller Business-Coaches sind für viele Vereine unerschwinglich – und nicht nötig. Vereine sind bei motivierten und gut ausgebildeten „Laien" mit dem entsprechenden beruflichen und musikalischen Hintergrund gut aufgehoben.

Rolle und Aufgabe

Coaching grenzt sich von der reinen Beratung dadurch ab, dass nicht Tipps und Ratschläge gegeben werden, sondern dass der Verein unterstützt wird, aus eigener Kraft voranzukommen. Sie als Coach helfen dem Verein, seine Erfolgsziele zu definieren und zu erreichen. Coaching beruht auf Freiheit und Freiwilligkeit! In der Praxis werden Sie als Vereinscoach aufgrund Ihrer Fachkompetenz und Ihres Wissens über erfolgreiche Vereine teilweise auch beratend tätig sein, also selbst Lösungsvorschläge einbringen. Umso wichtiger ist es, deutlich zu machen, welche Rolle Sie gerade einnehmen – die des unvoreingenommenen Coaches oder die des kompetenten Beraters.

Sie sind in der Pflicht

Der Verein investiert in das Coaching. Er geht in Vorleistung. Sie sind damit in der Pflicht! Nur wenn Sie in der Lage sind, den Verein und die Akteure sicher durch alle Phasen des Coachingprozesses zu führen und so die vereinbarten Ziele zu erreichen, sind Sie Ihr Geld wert! Denken Sie daran: Egal wie kompetent und erfolgreich Sie sind, Ihre Arbeit und Ihre Vorgehensweise werden in Frage gestellt werden. Irgendwann wird Sie irgendwer kritisieren. Sie sind kein Guru, der angehimmelt werden wird, sondern ein Dienstleister, den man an seinem nachprüfbaren Erfolg misst. An einem Erfolg, an dem der Verein mitarbeiten muss!

10 Fragen zur Ihrer Coachingkompetenz

Was können Sie besonders gut, was weniger? Schätzen Sie ehrlich Ihre Fähigkeiten und Haltung ein.

1. realistische Selbsteinschätzung und Lebenserfahrung
2. solide Coachingausbildung und -erfahrung
3. Fähigkeit, sowohl Gruppen als auch Einzelne zu erreichen
4. Interesse und Kompetenz am speziellen Anliegen des Vereins
5. Methodenkompetenz gepaart mit Kreativität
6. Fähigkeit zum empathischen Zuhören und zur Motivation
7. Kritische Loyalität und Diskretion
8. Glaubwürdigkeit, Neutralität, und Verlässlichkeit
9. Fähigkeit zur Intuition und Reflexion
10. permanente Weiterbildung und Supervision

An was sollten Sie arbeiten, um ein noch besserer Vereinscoach zu werden? Erkennen Sie Ihre Stärken und Ihre Grenzen. Ehrlichkeit, Aufmerksamkeit, ein gesunder Menschenverstand in Verbindung mit Ihrer neutralen Rolle als Coach können manches, was an Fachqualifikation noch fehlt, wettmachen.

Selbstvermarktung gehört dazu

Verein und Vereinscoach müssen zusammenkommen. Das geschieht nicht automatisch. Sorgen Sie dafür, dass Sie von Anfang an durch eine klare Vorstellung Ihrer Tätigkeit Vertrauen schaffen. Natürlich müssen Sie sich präsentieren, zeigen was Sie können und was für ein Mensch Sie sind. Aber nicht nur das Fachliche zählt, auch die Chemie zwischen Ihnen und dem Vereinsverantwortlichen muss stimmen. In allen Phasen des Coachingprozesses gilt: Sie haben zwei Ohren und nur einen Mund – das ist eine gute Metapher für die Balance zwischen Zuhören und Sprechen für einen Coach!

Der Coachingprozess

Strategisch zum Erfolg

Auf den nächsten Seiten geht es nun konkret um das, was Sie als Coach tun können, damit das Coaching Früchte trägt. Denken Sie von Anfang an und in jeder Phase daran, praktisch umsetzbare Impulse zu geben. Erste Erfolge und Veränderungen auf dem Weg motivieren diejenigen die schon dabei sind und die noch passiv Abwartenden. Denn Erfolg misst sich immer am Handeln, am überprüfbaren Ergebnis.

Ein Wort zum Selbstcoaching

Als Coach werden Sie hören: Ihre Ideen sind gut – wir haben fitte Leute im Verein. Wir können das auch in Eigenregie. Auch so ein Vorgehen kann den Verein weiterbringen, ohne Frage. Doch nur der externe Blick hilft, blinde Flecken zu erkennen. Oft ist das „Selbermachen wollen" nur dadurch motiviert, Geld zu sparen. Hier kommt es auf Sie an, die Form des Coachings zu finden, die auch für das Vereinsbudget passt. Aber irgendwann ist die Grenze erreicht, bei der es keinen Sinn mehr macht, noch ein Coaching durchzuführen. Coachingmaßnahmen von weniger als einem Tag führen selten zu einem nachhaltigen Ergebnis. Und noch etwas, wenn es um die Kalkulation geht: Vergessen Sie nicht Ihren Aufwand, bestimmte Dinge schriftlich zusammenzufassen und bereitzustellen. Noch ein Tipp: Um den Coachingprozess „schlank" und kostengünstig zu halten, nutzen Sie Fragebögen und das Telefon.

Kurzübersicht über die Phasen eines Vereinscoachings

Coachingmaßnahmen können individuell und von der Art der Maßnahmen völlig unterschiedlich gestaltet sein. Umso wichtiger ist es, die Grundstruktur zu kennen und so das Vereinscoaching professionell zu planen und gliedern. Das hilft für die Transparenz und Wirkung.

I. Vorphase zur Vorbereitung des Coachings

Der erste Kontakt findet meist telefonisch statt. Klären Sie im Erstkontakt vor allem, ob eine Zusammenarbeit Sinn macht. Wenn ja, vereinbaren Sie ein ausführliches Gespräch – am besten gleich persönlich mit den Entscheidern des Vereins. So erfahren Sie weitere Informationen aus verschiedenem Mund. Am Ende dieser Phase steht die Auftragsklärung, der Kontrakt und die Auftragserteilung. Damit ist auch der zeitliche Gesamtrahmen definiert und die Coachingziele grob umrissen.

IIa. Konkrete Vorbereitung des Coachings

In dieser Phase geht es um Organisatorisches und Inhaltliches. Wer ist dabei? In welcher Form findet das Coaching statt: Workshop, Einzel- oder Gruppengespräche? Welche Methodik ist angemessen? Was sind die passenden Räumlichkeiten? Was sind die konkreten Coachingziele? Mit dieser guten Vorbereitung kann sich der Coach und Verein ohne zuviel Improvisation und Unwägbarkeiten auf den eigentlichen Coachingrozess konzentrieren. Kommunizieren Sie die Vereinbarung schriftlich! Das vermeidet Mißverständnisse, sorgt dafür, dass nichts Wesentliches untergeht und alle, die es betrifft, informiert sind.

IIb. Durchführung des Coachings

Der Erfolg der Coachingmaßnahmen hängt davon ab, ob es dem Vereinscoach gelingt, mit entsprechender Methodik und Struktur Veränderungsprozesse anzustoßen. Die gute Vorbereitung (IIa) dafür ist das eine – ein gut gefüllter „Methodenkoffer" und die Kompetenz, die Mitwirkenden des Prozesses zu erreichen, das andere. Auf den nächsten Seiten mehr zu den Kompetenzen und dem „Methodenkoffer" eines Coaches. Dazu gehört unter anderem Dialogfähigkeit; Verhalten spiegeln, Konsequenzen bewusst machen; Zusammenhänge aufdecken; Ressourcen nutzen; Motivieren und zum Handeln bringen; Handlungsflexibilität steigern; Storytelling und Metaphern.

III. Abschlussphase und Evaluation

In einem Abschlussgespräch mit einer Auswertungscheckliste wird das erreichte Ergebnis reflektiert und bewertet. Das bietet die Möglichkeit, die nächsten Handlungsschritte zu justieren. Üblicherweise macht es Sinn, ein weiteres Gespräch in einigen Wochen, in einem halben Jahr anzuschließen, um kurz-, mittel und langfristige Entwicklungen beobachten zu können. Nicht wenige Vereine entscheiden sich, Coachingmaßnahmen in einem reduzierten Umfang immer wieder in Anspruch zu nehmen, um so die Veränderungen im Fluss zu halten. Oft reicht dafür ein Telefonat.

Machen Sie Ihr Vorgehen deutlich

Vereinscoaching ist für die meisten Vereine etwas Neues. Neues und Unbekanntes löst nicht selten Unsicherheit aus. Sorgen Sie deshalb für Sicherheit. Machen Sie deutlich, was in jeder Phase aus welchem Grund im Fokus steht. So wird Ihr Vorgehen durchschaubar und verstanden.

Vertrauen durch Ehrlichkeit

Wie schon gesagt: Coaching braucht Vertrauen. Machen Sie weder sich noch dem Verein etwas vor. Sie müssen nicht in allen Bereichen der kompetente Überflieger sein. Ein Beispiel: Sie können die Qualität eines Pianisten beurteilen, ohne selbst Virtuose zu sein – ganz unmusikalisch dürfen Sie natürlich auch nicht sein.

Mit bestem Wissen und Gewissen

Sie bringen niemals Wahrheiten zur Sprache, sondern Ihre ehrliche Sicht der Dinge. Gerade der Kampf um angebliche Wahrheiten festigt Positionen. Ihre Rolle als Coach ist genau gegensätzlich: Sie sorgen für die Weitung des Horizontes und die Vielfalt der Meinungen. Das schafft Handlungsoptionen und bringt den Verein weiter.

Die Coachingbeziehung

für Vereinsverantwortliche
Der erste Kontakt

Treffen Sie die für Ihren Verein die richtige Entscheidung
Wenn Sie mit einem Vereinscoaching liebäugeln, dann nutzen Sie Ihre
Chance der Auswahl eines für Sie passenden Coaches. Vielleicht haben
Sie einige Namen genannt bekommen – dann googeln Sie mal, was
Sie über die einzelnen Coaches finden. Dann telefonieren Sie nicht mit
einem, sondern mit mehreren. Schildern Sie Ihr Anliegen und seien
Sie gespannt, wie der Coach auf Sie eingeht. Sie müssen ein gutes Gefühl haben, dass der Coach Ihren Verein weiterbringt und Sie und Ihre
Vereinsmitglieder mit ihm auch auf der persönlichen Ebene gut klar
kommen. Fragen Sie den Coach nach seiner Erfahrung, seinen Quali-
fikationen, seiner Preisvorstellung. Wenn Sie die Liste von Seite 14 ff.
durchgearbeitet haben, wissen Sie ziemlich genau, wo Ihre Stärken
und Defizite liegen. So können Sie gezielt einen Coach wählen, der hier
besondere Erfahrungen hat. Liegt z. B. Ihr Problem im musikalischen
Bereich, macht es Sinn, einen Coach mit hoher Kompetenz in diesem
Bereich in die nähere Auswahl zu nehmen.

Persönliches Kennenlernen – von Angesicht zu Angesicht
Wenn die Chemie am Telefon stimmt, vereinbaren Sie einen persönlichen Termin mit dem potenziellen Coach. Falls Sie mehrere kennenlernen wollen, machen Sie gesonderte Termine. Sinnvoll ist es, dieses
Gespräch gleich im Kreise Ihrer Vorstandskollegen zu führen. Für so ein
Gespräch sollten Sie sich schon 1,5 bis 3 Stunden Zeit nehmen. So
können Sie schon einiges analysieren und erste Impulse mitnehmen.

Dieses Gespräch ist für Sie und den Coach schon „Arbeit". Es erfordert Vorbereitung und Zeit, die sich aber auszahlt. Entsprechend sollten Sie es den Coach vergüten. Dass Coaching nicht umsonst ist, ist vereinsintern ein wichtiges Signal, Vereinscoaching ernstzunehmen und mitzuarbeiten. Nach diesem Gespräch, diesen Gesprächen müssten Sie in der Lage sein, sich für einen Coach zu entscheiden. Sie haben nun genug erfahren, um die Vereinsmitglieder zu überzeugen. Ein guter Vereinscoach, wird Ihnen jetzt schon konzeptionelle Ideen stichwortartig und schriftlich zukommen lassen. Ebenfalls ein erstes Angebot. Nun versetzen Sie sich in die Lage Ihres Gesprächpartners, des Vereinscoaches.

für Vereinscoaches
Sich am Telefon gut „verkaufen"

Sie sind Dienstleister, der Verein Ihr potenzieller Kunde
Als Vereinscoach wissen Sie wie man höflich und angemessen auf seinen Gesprächspartner am Telefon eingeht. Sie wissen ein Gespräch in Einleitung, Hauptteil und Abschluss zu gliedern. Sie wissen um den Wert einer guten Stimme und Stimmung. Gehen Sie in das erste Telefongespräch mit der Haltung, dass die Entscheidung für oder gegen Sie als Vereinscoach beim Verein liegt. Geben Sie dem Verein deshalb die Informationen, die er braucht, um im Sinne des Vereinserfolges eine gute Entscheidung zu treffen. Im Fokus des Gesprächs stehen trotzdem die Vereinsbelange, nicht Ihre Selbstdarstellung. Fragen Sie mehr als Sie sagen! Vielleicht kennen Sie den Spruch: „Wer fragt, der führt." Erfragen Sie, wo den Verein der Schuh drückt und was er von einem Vereinscoaching erwartet. Sie zeigen Ihre Kompetenz durch kluge Fragen und dadurch, dass Sie schon jetzt den einen oder anderen Tipp einfließen lassen. Machen Sie dieses Gespräch aber nicht zu einem Beratungsgespräch – dazu brauchen Sie und der Verein Vorbereitung

Wichtige Fragen im Erstgespräch:

- Was hat Sie bewogen, jetzt aktiv zu werden und das Gespräch mit einem Vereinscoach zu suchen?

- Welche drei Dinge glauben Sie sind die größten Stärken des Vereins? Welches sind die drei drängendsten Probleme?

- Wer treibt bis jetzt die Problemlösung voran? Und wer noch?

- Wieviele Vereinsmitglieder sehen es auch für notwendig an, dass der Verein aktiv werden muss? Wer könnte etwas gegen das Vereinscoaching haben?

- Was haben Sie schon unternommen, um die Kernprobleme anzugehen? Mit welchem Erfolg?

- Haben Sie eine Vorstellung, was für Ihren Verein ein Vereinscoaching kosten darf? Wieviel Zeit sind Sie bereit zu investieren?

- An was würden Sie festmachen, dass ein Vereinscoach sich rechnet?

- An was würden Sie in einem halben Jahr merken, dass es für Ihren Verein vorangeht? An was in einem Jahr? An was in fünf Jahren?

- Was möchten Sie vom mir persönlich wissen?

- Was halten Sie von dem Vorschlag uns demnächst im größeren Kreis persönlich zu treffen, um Details des Vereinscoaching zu besprechen?

Nehmen Sie diese Fragen nicht als ausformulierte Frageliste sondern als Anregung für eigene Fragen. Wenn Sie das Gefühl haben, einen Punkt vertiefen zu müssen, fragen Sie „in die Tiefe". Offene Fragen (Fragen, die nicht mit Ja oder Nein beantwortet werden können) treiben das Gespräch voran. Geschlossene Fragen setzen Sie ein, um bestimmte Punkte abschließend zu klären.Beispielsweise „ Also passt das für Sie, dass wir uns am 23. 2. 2014 um 18:00 Uhr bei Ihnen im Vereinsheim treffen?" „Die Aufwandspauschale inklusive Fahrtkosten von 200 Euro passt für Sie?" Folgende Einstellung hilft: Der Verein prüft Sie und Sie prüfen den Verein, ob eine Zusammenarbeit Sinn macht. Das erkennen Sie daran, dass

- der Verein ein ernsthaftes Interesse an einer eventuellen Zusammenarbeit zeigt. Nicht irgendwann, sondern zeitnah!

- die „Chemie" stimmt.

- der Verein grundsätzlich bereit ist, Geld und Zeit zu investieren.

- Ihre Qualifikation zu den Problemen des Vereins passt.

Schriftliche Zusammenfassung

Sie werten das Gespräch auf, wenn Sie zeitnah die wichtigsten Punkte nochmals kurz schriftlich zusammenfassen, noch einige Fragen stellen und diese Zusammenfassung per Mail Ihrem Gesprächspartner zukommen lassen. Er ist dafür dankbar, da er sich mit etwas Schriftlichem leichter tut, den Inhalt des Gesprächs anderen weiterzugeben. Verschießen Sie im ersten Gespräch und der Zusammenfassung nicht schon Ihr Pulver. Finden Sie die für sich richtige Mischung aus unbezahlten Vorleistungen und schon verwertbaren Impulsen, durch die Sie Kompetenz und Engagement zeigen.

„Hausaufgaben"

Geben Sie dem Verein eine Hausaufgabe. Vielleicht geben Sie einen Hinweis auf diesen Leitfaden oder Sie nutzen die Analysefragen auf Seite 14 ff. Das spart Zeit und Sie haben im nächsten Gespräch schon wichtige Informationen schwarz auf weiß. Die Erfahrung zeigt: Je mehr Ihr potenzieller Coachingkunde über das Coaching weiß, umso höher ist die Akzeptanz und umso fruchtbarer verläuft die Zusammenarbeit. Ihre Hausaufgabe ist übrigens, den Verein einmal zu googlen und je nach Möglichkeit, ein Konzert des Vereins zu besuchen!

Die Coachingmaßnahmen professionell vorbereiten

Erfolgreiches Coaching ist individuell und hat Gemeinsamkeiten.

Es ist gut, wenn Sie auf bewährte Routinen zurückgreifen können, um das Coaching zu konzipieren. Sie müssen nicht jedes mal das Rad neu erfinden. Auf der anderen Seite verdient jeder Verein etwas anderes. Gerade Coaching steht nicht für Beratung von der Stange, sondern für passgenaue Lösungen für Einzelne, für Gruppen und die ganze Organisation.

Im nächsten Gespräch weit vorankommen

Die Relation zwischen Aufwand und Nutzen ist gerade im Vereinscoaching sehr wichtig. Vereinscoaches kommen in der Regel erst dann ins Spiel, wenn schon vieles vergeblich versucht wurde. Indem Sie Schwung in die Sache bringen zeigen Sie Ihre Leistung. Zeigen Sie im Gespräch die verschiedenen Möglichkeiten eines Coaching auf. Erklären Sie welche Vor- und Nachteile die unterschiedlichen Coachingformate und -methoden wie Gespräch, Training, Workshop, Gruppenarbeit, Impulsvortrag u.ä. haben und welche zu der Problemstellung des Vereins am besten passen.

Machen Sie sich klar: Nach dem ersten Telefonat geht es in dem nächsten Gespräch (wenn nötig Gesprächen) in größerer Runde um:

- Schritt 1: Vertrauen zu festigen und notwendige Fragen und Zielvorstellungen klären.

- Schritt 2: die konkrete Auftragsklärung voranzutreiben um ein verbindliches Angebot mit den wichtigsten Eckdaten der Maßnahmen erstellen zu können.

Im Mittelpunkt stehen jetzt die Ist-Situation sowie die Coachingziele. Denn als Coach unterstützen Sie den Verein bei der Navigation. Und das gelingt nur, wenn der Verein weiß wo er steht und wo er hin will. Gut wenn der Verein hier schon mit Hausaufgaben vorgearbeitet hat.

Folgende ergänzenden Fragen helfen dabei:

- Welche Fragen müssen wir aus Ihrer Sicht heute klären? Liegt Ihnen nach unserem Telefonat etwas besonders auf dem Herzen?

- Auf welche konkreten Ziele und Zwischenziele sollen wir uns nach heutiger Sicht mit den Maßnahmen konzentrieren?

- Welche Erwartungen und Wünsche haben Sie an mich als Coach? An was machen Sie meinen Wert fest?

- Was können Sie tun und was kann ich tun, um den Erfolg des Coachings sicherzustellen?

- Was fällt Ihnen jetzt schon ein um möglichst viele vom Verein mit ins Boot zu holen?

- Welche Regeln und Besonderheiten Ihres Vereins sollte ich wissen? (Natürlich garantieren Sie Vertraulichkeit)

- Welche Menschen bzw. Gruppierungen in Ihrem Verein haben besonderen Einfluss?

- Was ist der richtige Zeitpunkt für die Maßnahmen? Wer alles soll mit dabei sein?

- Wer ist mein direkter Ansprechpartner, wer im Verteiler?

- Gibt es etwas, was wir vergessen haben? Was ist noch zu klären, noch offen?

Von dem Angebot zur verbindlichen Vereinbarung
Nach diesen Informationen können Sie dem Verein schnell ein verbindliches Angebot zukommen lassen. Nennen Sie nicht nur Kosten, Termine und Leistungen, sondern fassen die Maßnahmen und Ziele verständlich schriftlich zusammen. Je klarer und transparenter Sie kommunizieren umso höher das Vertrauen.

Grünes Licht zur Ausarbeitung
Ist der Auftrag erteilt, können Sie richtig loslegen. Wenn Sie wie beschrieben vorgegangen sind, ist der Aufwand für die konkrete Ausarbeitung der Maßnahmen nicht mehr allzuviel Arbeit. Ihnen wird es auch so gehen wie vielen: Mit ein paar Tagen Abstand kommen die besten Ideen und manche Dinge werden sich ohne viel Zutun fügen. Stimmen Sie die konkrete Ausarbeitung für die Gestaltung der einzelnen Maßnahmen mit den Verantwortlichen des Vereins nochmals ab. So haben Sie die Gewissheit, dass Sie am Tag oder den Tagen X bestens vorbereitet sind. Überprüfen Sie nochmals:

- Was müssen Sie erledigen, was der Verein? Wer stimmt mit Ihnen diese Dinge ab?

- Sind alle Termine und Örtlichkeiten verbindlich festgelegt? Eine angenehme Umgebung hat einen großen Einfluss auf das Gelingen!

- Steht die Agenda, ist der Zeitplan genau ausgearbeitet? Bitte daran denken, genügend Zeit vor der Veranstaltung einzuplanen.

- Stimmt das Drumherum: Ein attraktives Rahmenprogramm, gutes Essen und Trinken, genügend Pausen erhöhen die Akzeptanz. So kann z. B. die organisierte Kinderbetreuung, wenn viele jüngere Mitglieder anwesend sein sollen, automatisch für gute Beteiligung sorgen.

- Wir sitzen alle zuviel. Wie bringen Sie die Teilnehmer in Schwung und Bewegung? Der Geist wird reger, garantiert!

- Sind alle notwendigen Medien und Utensilien vorhanden (Flipchart, Stifte, Papier, Beamer, Requisiten)? Trotzdem hat sich ein „Präsentations-Notfallkoffer" bewährt.

- Wer ist bei den Veranstaltung alles dabei? Hat der Verein die Betreffenden rechtzeitig und werbewirksam eingeladen?

- Gibt es ein Motto, eine originelle Idee als MERKwürdiges Element? Teilnehmer denken nicht nur sachlich.

Wechseln Sie jetzt die Perspektive und sehen Sie die Phase der Vorbereitung aus der Sicht der Vereinsverantwortlichen. Das bringt Sie sicherlich noch auf weiter Ideen.

für Vereinsverantwortliche
Das Coaching nimmt Gestalt an

Verbindliche Entscheidungen treffen

Sobald Sie intern geklärt haben, wie das weitere Vorgehen aussehen könnte, können Sie mit dem Coach die Eckpunkte der Maßnahmen klären. Dazu gehören auch die Coachingziele, an denen Sie später den Erfolg der Maßnahmen messen. Vieles davon kann telefonisch geschehen, das spart Kosten. So kann das Angebot präzisiert werden und Sie können verbindliche Absprachen treffen. Damit steht der finanzielle und zeitliche Rahmen und alle wissen, was von Ihnen gefordert sein wird.

Es kommt schon etwas in Bewegung

Ihnen wird es so gehen wie den meisten Vereinen: Mit der Entscheidung, etwas Neues anzupacken, kommen schon Dinge ins Rollen, bevor die einzelnen Maßnahmen konkret Gestalt annehmen. Nutzen Sie diese Impulse, setzen Sie schon Dinge um. Sorgen Sie dafür, dass Sie möglichst viele Vereinsmitglieder mitnehmen und mit Ihrem Vereinscoach in Kontakt halten.

Die Coachingsmaßnahme vorbereiten

Arbeiten Sie dem Vereinscoach zu, die Maßnahmen zu konzipieren und vorzubereiten. Auch hier gilt: Fassen Sie das Wichtigste schriftlich zusammen und kommunizieren Sie es an die Vereinsmitglieder.

Durchbrechen Sie Gewohntes

Sie machen es sich einfacher, wenn z. B. der Workshop oder die Coachinggespräche nicht in Ihrem gewohnten Vereinslokal oder Umfeld stattfinden. Wir alle sind in Routinen gefangen und verbinden Situationen mit der Umgebung. Coaching ist eine Investition: Leisten

Sie sich einen Veranstaltungsort, an dem sich alle besonders wohlfühlen. Helle freundliche Räume und gute Verpflegung tragen viel dazu bei, dass die Maßnahme gut ankommt. So werden sich mehr Beteiligte neugierig und engagiert in den Prozess einbringen.

Wie Sie die Coachingmaßnahmen unterstützen

Ihre Aufgabe beim Coaching als Verantwortliche

Es nützt Ihrer Rolle als Führungskraft, wenn Ihr Führungsteam gezielt gecoacht wird. Ihnen wird zudem die Aufgabe zufallen, andere Beteiligte zum Coaching zu motivieren. Auch wenn der Coach für die einzelnen Maßnahmen verantwortlich ist, als Führungsteam können Sie viel dazu beitragen, dass sich die am Coaching Beteiligten mit Disziplin, Ernsthaftigkeit und Engagement einbringen. Vergessen Sie dabei aber nicht die Grundregel des Coachings: Coaching beruht auf Freiwilligkeit und Eigenverantwortung. Zwingen Sie niemanden gegen seinen Willen zu irgendwelchen Maßnahmen. Das beste Mittel, eine Verweigerungshaltung zu durchbrechen, ist der sichtbare Erfolg.

Was in Bewegung kommt, kann sich reiben

Erfolgreiches Coaching deckt Dinge auf. So können schwelende Konflikte hochkochen. Verkrustete Strukturen lösen sich nicht selten geräuschvoll. Das ist nicht grundsätzlich negativ, sondern manchmal eine „Erstverschlimmerung" bevor „Heilung" beginnt. Im Rahmen der Coachingveranstaltung(en) ist Konfliktlösung Sache des Coaches. Darüber hinaus heißt es, Führungsstärke zu zeigen, damit diese Konflikte angemessen und fair ausgetragen werden. Coaching kann Beziehungen harmonisieren, aber auch unvereinbare Gegensätze aufdecken. Ein Wir-Gefühl kann nicht übergestülpt und manche Trennung kann mit etwas Abstand als Segen empfunden werden.

Coaching ist nicht nur Kopfsache

Denken Sie immer daran. Erfolgreiches Coaching richtet sich an Kopf, Bauch und Herz. Nachhaltige Veränderung geschieht ganzheitlich. Coaching ist keine verordnete Umstrukturierung, die man verstehen und befolgen muss. Coaching macht bewusst, gibt Impulse, lässt Dinge entstehen und sich entwickeln. Vereincoaching trägt dazu bei, dass sich Vereinsmitglieder ernst genommen und sich dem Verein zugehörig fühlen. Ein Tipp: Achten Sie künftig mehr darauf Ihre Vereinskollegen nicht nur inhaltlich sachlich anzusprechen, sondern auch emotional.

Coachingziele sind konkret

Auf der einen Seite bringt Coaching einfach nur Bewegung in die Diskussion. Doch am Ende müssen konkrete Vereinbarungen und Handlungen stehen. Nur so gelingt es die formulierten Coachingziele zu erreichen. Es vergrößert sogar den Frust und untergräbt Vertrauen, wenn nach inspirierende Coachingmaßnahmen doch wieder viel im Sande verläuft.

Verbindlichkeit ist nötig

Es reicht nicht, gemeinsame Ziele zu haben und sich auf den Weg machen zu wollen. Der Weg muss Schritt für Schritt gegangen werden. Schwierigkeiten auf dem Weg werden kommen und müssen überwunden werden. Dazu nötig sind Intelligenz, Motivation und Durchhaltevermögen, das durch die Coachingsmaßnahmen gestärkt worden ist. Wie schon angedeutet: Diese sogenannte Verbindlichkeit zum Thema zu machen und wirklich einzufordern ist Sache der Vorstandschaft. Reden schwingen und kritisieren ist leichter als mit gutem Beispiel voranzugehen. Sorgen Sie für eine Vereinskultur, in der Fehler passieren dürfen – es müssen und sollten nur nicht immer die gleichen sein! Es ist völlig normal und unvermeidlich, dass manche neuen Dinge nicht gleich den gewünschten Erfolg haben.

Machen Sie etwas daraus

Coaching wirkt. Manche Wirkung setzt unerwartet schnell ein. Aber Veränderung braucht Zeit – die Maßnahmen werden sich erst mittel- und langfristig auszahlen. Deshalb ist es wichtig, kritisch beobachtend den Prozess zu reflektieren und aktiv zu unterstützen. Gewöhnen Sie sich an bewusst und aufmerksam die Veränderungen wahrzunehmen und auch wieder schriftlich kurz zu skizzieren. Das dient auch dem Abschlussgespräch. Dazu im Abschnitt Evaluation mehr.

Noch einige wichtige Punkte

Der Coach macht nicht Ihre Arbeit

Der Coach gibt Ihnen Anstöße, um ins Handeln zu kommen – nicht mehr und nicht weniger. Die Umsetzung, die Ausgestaltung liegt beim Verein und hier immer auf den Schultern derjenigen, die besonders aktiv sind. Es ist normal, dass nach dem Coaching zunächst mehr von den Funktionsträgern im Verein gefordert wird. Später mit den ersten erfolgen werden einige Dinge weitaus effizienter ablaufen. Auch weil ein üblicher positiver Effekt eintritt: mehr Vereinsmitglieder werden sich aktiv einbringen.

Sie dürfen Verantwortung abgeben, sich einlassen

Wenn Sie massiert werden, dürfen Sie die Massage genießen. Sie müssen nicht „mitkneten". Dieses Machenlassen ist Teil der wohltuenden Wirkung. So dürfen und sollten Sie sich auch vom Coach im Coachingprozess führen lassen. Sie machen es übrigens damit auch dem Vereinscoach einfacher. Sie bezahlen Ihren Coach, lassen Sie ihn arbeiten und machen Sie nicht sein „Geschäft". Vor und nach den eigentlichen Coachingmaßnahmen sind Sie und Ihre Vorstandskollegen wieder als aktive Gestalter gefragt.

Gecoacht werden heißt lernen

Man weiß, dass ein Kind, bevor es laufen kann, 5.000-mal hinfallen muss. Wenig fällt einem in den Schoß. Erfolgreiche Vereine haben für Ihren Erfolg etwas getan, hatten die Bereitschaft zu lernen, hinzufallen und wieder aufzustehen. Es ist vergleichbar mit einem Sporttrainer: Die Qualität eines Trainers misst sich an der Kompetenz, seinen Schützling beim Dazulernen zu unterstützen. Ein Trainer muss nicht selbst die Leistungen erbringen können. Lernen kostet Zeit. Mit einer hohen Eigenmotivation fällt das Durchhalten leichter. Beim Lernen gibt es immer wieder Phasen des vermeintlichen Stillstandes und sogar des Rückschrittes. Lernen braucht einen langen Atem und wer nach schnellen Erfolgen gleich wieder einen Schritt zurückschaltet, kommt nicht wirklich weiter. Spitzenleistungen brauchen Talent und Fleiß.

Die schlimmsten Sätze

Sicherlich kennen Sie die Aussagen: „Das haben wir schon probiert und es hat nichts gebracht!" Und wenn etwas nicht wie gewünscht geklappt hat: „Das haben wir ja gleich gewusst!" Es braucht kritische Geister als Gegengewicht zu den Enthusiastischen. Aber die kritischen Stimmen dürfen nicht die Macht haben, alles zu blockieren. Die Bedenkenträger dürfen nicht immer ihr Veto einlegen. Vergessen Sie nicht und sagen es immer wieder weiter: Es gibt genauso viele Beispiele, wo genau das geklappt hat, an dem andere gescheitert sind! Haben Sie Mut mutig zu sein.

Krisen sind Chancen

Diese Aussage hat zwischenzeitlich einen Bart und doch ist etwas wahres dran. Es hilft nichts von der guten alten Zeit zu sprechen und Angst vor der Zukunft zu haben. Ändern können Sie und Ihre Vereinskollegen immer nur die Gegenwart. Jetzt und nicht früher oder später können die Weichen gestellt werden.

Coachingprinzipien

für Vereinscoaches

Grundsätzliches zu den Coachingmaßnahmen

Unzählbare Vielfalt

Entsprechende Fachliteratur über Coaching kennt unzählige Methoden, Instrumente und Interventionen. Umso wichtiger ist es für Coaches die nicht täglich mit Coachingprozessen zu tun haben den Überblick zu behalten. Denn viele der Methoden haben ähnliche Prinzipien.

Methoden sind nur Hilfsmittel

Sie kennen den Satz „Wer heilt hat recht". Es kommt auch nicht auf die Coachingmethode an, sondern auf das Ergebnis. Sie sind umso besser aufgestellt je mehr Flexibilität Sie haben Menschen zu erreichen und bewegen. Die eingesetzten Methoden sollten zu den Teilnehmern, der Aufgabenstellung und vor allem zu Ihrem Auftreten passen.

Authentische Kommunikation wirkt am Besten

Als Coach schlüpfen Sie in eine Rolle. Bleiben Sie dabei natürlich und ungekünstelt. So nutzen Sie Ihr Potenzial am besten. Nicht Charisma und Alleinunterhalterqualitäten zählen als Coach, sondern die Fähigkeit sich Einzufühlen und Menschen zu erreichen. Denken Sie daran, dass Stimme und Körpersprache mehr Einfluss haben, als der sachliche Inhalt. Aber auf die 30 Prozent Wirkung des Inhalts sollten Sie nicht verzichten! Wenn Sie mit Gruppen arbeiten, bleiben Sie aufmerksam für Gruppenprozesse. Eine Prinzip lautet: „Störungen gehen vor." Gehen Sie angemessen auf Störungen ein. Oft weist Unruhe auf wesentliche Dinge hin, die geklärt werden müssen.

Coachingprinzipien, die Sie kennen sollten

Dialogbasis schaffen

„Partner unter klaren und fairen Bedingungen", dieser Geist sollte von Anfang bis Ende die Coachingbeziehungen charakterisieren. Das schafft Vertrauen, Sicherheit und Orientierung. Die Qualität der Beziehung ist entscheidend für den Erfolg des Coachings. Der Schlüssel für gute Beziehungen ist die Kommunikation! Und hier können Metaphern und Geschichten Wunder wirken!

Fragend Informationen gewinnen

Fragen können in die Tiefe gehen, um dem Kern der Sache auf den Grund zu gehen. Fragen können genauso in die Breite gehen, um eine angenehme Atmosphäre zu verbreiten und zur Öffnung beizutragen. Wie schon zuvor erwähnt: Nutzen Sie offene Fragen, um das Gespräch weiterzutreiben und um Klarheit zu gewinnen sowie um ein Thema abzuhaken. Aber vermeiden Sie die Warum-Frage. Außer Sie wollen Widerstand provozieren.

Ziele erkennen und aktiv formulieren

Es macht ein Unterschied, ob ein Ziel nur so grob umrissen wird oder ob ein Ziel konkret ausformuliert und durchdacht ist. Auch wenn viele nur den sogenannten „wohlformulierten Zielen" (nach der sogenannten SMART-Formel) besonderen Wert zusprechen, weisen auch die wage formulierten Ziele auf wichtige Bedürfnisse hin. Wichtig ist den Unterschied zu erkennen. SMARTe Ziele sind *spezifisch* (Ziele müssen eindeutig definiert), *messbar* (nach bestimmten Messbarkeitskriterien), sie müssen *akzeptiert und attraktiv, realistisch* und *terminiert* sein. Unterstützen Sie den Verein beim Erkennen und Formulieren der Ziele. Fragen Sie beispielsweise: Was wäre anders, wenn die Ziele erreicht sind? Würde das wirklich allen gefallen? Was kommt nach dem Gipfelziel?

Ist-Zustand analysieren, Ressourcen erkennen
Darüber haben Sie ja schon einiges gehört und mit den entsprechende Fragenlisten gewinnen Sie wichtige Informationen. Analysieren Sie auch, welche Faktoren den Zielen förderlich sind, welche Faktoren neutral zu beurteilen sind und welche hemmend wirken. Niemand kommt voran, wenn er Gas gibt und zugleich auf die Bremse tritt. Wer seine Stärken und Schwächen kennt, weiß zugleich um seine Ressourcen. Der Blick auf Ressourcen wird präziser, wenn dabei die Eigen- und Fremdsicht integriert wird.

Den Fokus verändern und Achtung zeigen
Jeder hat seine Ansichten. In die Rolle desjenigen zu schlüpfen, der eine andere Meinung hat, inspiriert und bringt Bewegung in die Diskussion. Hinter anderen Meinungen stecken ebenfalls „ehrenwerte" Absichten! Den Fokus verändern heißt, auch notwendigen Abstand von den Problemen zu gewinnen und mit entsprechendem Überblick die Situation neu zu beurteilen. Das ist auch eine gute Methode, wenn Emotionen hochkochen. Machen wir uns immer bewusst: Es gibt nicht die Realität, es gibt nur individuelle Weltbilder!

Bedürfnisse erkennen
Die größte menschliche Triebfeder sind Bedürfnisse. Manche Bedürfnisse verbinden uns, andere sind recht speziell und individuell. Jeder möchte in Ruhe schlafen, aber nicht jeder mit dem Fallschirm springen. Wer Menschen bewegen möchte, muss seine Bedürfnisse kennen und nicht verurteilen.

Motivieren und Kräfte wecken
Dieser Punkt hängt stark mit den Bedürfnissen zusammen. Den einen motiviert das Gewinnen, den anderen, nicht zu verlieren. Motivationsfaktoren sind individuell und können geweckt werden.

Lösungswege entwickeln

Coaching heißt, Hilfe zur Selbsthilfe. Probleme werden nur so weit vertieft, wie es zur Lösung nötig ist. So lautet eine Kernfrage im Coaching: „Was brauchen wir zur Lösung?"

Flexibilität und Handlungsoptionen

Paul Watzlawick, der berühmte Psychologe, sagte: „Wer als Werkzeug nur einen Hammer hat, sieht in jedem Problem einen Nagel." Coaching eröffnet Handlungsoptionen und fördert die Flexibilität.

Zusammenhänge erkennen, Konsequenzen aufzeigen

Wenig funktioniert wie eine Maschine. Mensch tritt Stein, die Wirkung ist überschaubar. Mensch tritt Hund ist schon unberechenbarer. Wer komplexe Zusammenhänge besser versteht, wird mehr Wirkung erzielen und zugleich Dinge gelassener angehen. Paradox: je komplexer die Zusammenhänge, umso wichtiger sind einfache Handlungen.

Provokation

Wollen Sie das wirklich? Provokant aufzuzeigen was die Folgen sein können ist manchmal das Mittel um Haltungen zu verändern und Grenzen zu sprengen. Provokation kann aber auch danebengehen und Beziehungen beeinträchtigen, vor allem die Provokationen auf der menschlichen Ebene.

Aufmerksamkeit

Wir können unsere Aufmerksamkeit aktiv auf Dinge fokussieren, beispielsweise um gezielt zu analysieren. Wir können aber auch unsere Aufmerksamkeit weit und offen halten, um die Situation intuitiv in ihrer Gesamtheit zu erfassen. Beide Arten von Aufmerksamkeit sind im Coaching wichtig und ermöglichen uns auf Situationen und Gesprächs-partner einzugehen und wichtige Informationen zu erhalten.

Problemebenen erkennen und wechseln

Einstein sagte einmal sinngemäß, dass Probleme nicht auf der Ebene gelöst werden können, auf der sie entstanden sind. Hier setzt das Modell der Logischen Ebenen an. Die erste Ebene ist die *Umgebung*. Z. B. das Vereinslokal ist hässlich. Wie kann das geändert werden? Am besten auf der zweiten Ebene des *Verhaltens*. Man streicht den Raum. Dazu braucht es Ressourcen der dritten Ebene, der *Fähigkeiten*. Man braucht handwerkliches Geschick und Geschmack. Diese Fähigkeiten sind oft geprägt von der vierten Ebene, unseren *Werten und Haltungen*. Es ist gut zu handwerken, etwas schön zu gestalten. Die Summe unserer Werte ist geprägt von unserer *Persönlichkeit*, der fünften Ebene. Und unsere Persönlichkeit ist wiederum von der sechsten Ebene, dem, was wir zu unserem *Sinn des Lebens* machen, geprägt. Dieses Denkmodell hilft, Veränderungen anzustoßen. Beispielsweise welche Werte und Überzeugungen bringen unseren Verein voran?

Nachhaltigkeit und Transfer sichern

Was während der Coachingmaßnahmen plausibel war, kann nicht automatisch im Alltag umgesetzt werden. Training ist kein Wettkampf! Es geht immer darum, „Wie sichern wir die Umsetzung, den Transfer?"

Erkennen - Können - Wollen - Dürfen – Handeln

Es ist wichtig, Orientierung zu gewinnen. Doch es braucht die Verbindlichkeit des Wollens, um auch wirklich ins Handeln zu kommen. Man sagt, Gedanken versetzen Berge, aber es ist genauso wichtig, den Spaten in die Hand zu nehmen, um einen kleinen Haufen zu versetzen. Erfolgreiches Coaching misst sich nicht an den Absichten sondern an den konkreten Ergebnissen. Und dabei sind wir schon beim letzten Punkt dieses Leitfadens angelangt. Nach dem Abschluss der (erten) Maßnahmenrunde geht es um Evaluation, das qualitative und quantitative Bewerten der Maßnahmen.

Evaluation

für Vereinscoaches und Vereinsverantwortliche
Qualität misst sich an Ergebnissen

Hat sich die Investition gelohnt

Coaching ist eine Dienstleistung und beruht auf Leistung und Gegenleistung. Sowohl Vereinscoach als auch Verein profitieren von der Bewertung der Ergebnisse. Diese Reflektion verstärkt die Wirkung und hilft die nächsten Schritte anzupassen.

Alle Wirkungsebenen einbeziehen

Wie schon herausgestellt: Coaching wirkt ganzheitlich auf vielen Ebenen. Deshalb ist es hilfreich auch bei der Evaluation und Qualitätssicherung diese Ebenen einzeln zu betrachten. Überprüfen Sie bei der Evaluation nicht nur die konkreten Zielvereinbarungen, sondern greifen auch gezielt die wichtigen Punkte der Ist-Analyse auf. Am besten stellen Sie einen schriftlichen Bewertungsbogen zusammen, den Sie dann den Beteiligten zur Verfügung stellen. Mit den Vereinsverantwortlichen führen Sie zusätzlich nochmals ein Abschlussgespräch. Bewerten Sie vorher und nachher am besten mit einer Notenskala von 1 (schlecht) bis 10 (hervorragend). So können Sie die Aussagen quantifizieren.

Emotionale Wirkungen

Unser Befinden hat großen Einfluss auf unsere Möglichkeiten, Dinge zu bewegen. Unser Befinden lässt uns die gleichen Dinge einmal rosarot und einmal tiefgrau empfinden. Positive emotionale Veränderungen zeigen sich beispielsweise an:

- Zuversicht, dass es jetzt voran geht

- mehr Gelassenheit bei Meinungsverschiedenheiten

- mehr Positives steht im Vordergrund

- mehr Freude, Motivation und Energie

- die allgemeine Stimmung ist besser (Es wird gelacht!)

Sachlich kognitive Wirkungen

Dazulernen, Verhaltensmuster verändern hat viel mit unseren kognitiven Fähigkeiten zu tun. Nach einem erfolgreichen Coaching nutzen wir mehr Möglichkeiten und neue Stärken. Das zeigt sich beispielsweise an:

- Abläufe verändern sich

- Handlungen erzielen mehr Wirkung

- die Zusammenarbeit und Kommunikation wird besser

Zielerreichung

Dieser Aspekt fließt üblicherweise am stärksten in die Evaluation mit ein. Denn konkret formulierte Ziele lassen sich recht einfach bewerten. Da Coaching neben den kurzfristig zu erreichenden Zielen auch mittel- und langfristige Ziele mit einschließt, müsste eine umfassende Evaluation zu späteren Zeitpunkten erfolgen. Im Fokus stehen beim Abschlussgespräch so meist nur die schnell erreichbaren Ziele. Weitere Gespräche im Abstand von 6 Monaten, einem Jahr und vielleicht sogar noch später lassen interessante Rückschlüsse zu.

Chance zur Nachjustierung

Evaluation für mehr Nachhaltigkeit

Nach dem Coaching ist vor dem Coaching. Die Evaluation ist quasi eine neue Ist-Analyse. Die Evaluation zeigt damit nicht nur ob sich die Investition gelohnt hat, sondern bietet zugleich die Chance mit wenig Aufwand Impulse „nachzuschieben". So können noch nicht ganz erfüllte Ziele schneller erreicht werden oder bestimmte Verhaltensweisen optimiert werden. Es hat sich bewährt, noch einige Stunden zur „Nachsorge" einzuplanen. So kann der Verein auf seinem Weg zur Selbsthilfe weiter professionell unterstützt werden. Erfolgreiches Vereinscoaching hält lange vor.

Tappen Sie nicht in die Falle

Zielgerichtetes Handeln fördern ist eine Prämisse des Coachings. Aber vergessen Sie niemals: Nichts wird bleiben wie es war und Sie werden Entwicklungen nicht immer steuern können. Den Zufall und Unvorhergesehenes werden Sie nie ausschalten – Sie können nur angemessen darauf reagieren. Deshalb zum Ende dieses Leitfadens zwei bekannte Weisheiten die zeigen, an welchem Punkt Veränderung beginnt und was machbar ist und nicht:

„Achte auf Deine Gedanken, denn sie werden zu Worten.
Achte auf Deine Worte, denn sie werden zu Handlungen.
Achte auf Deine Handlungen, denn sie werden zu Gewohnheiten.
Achte auf Deine Gewohnheiten, denn sie werden Dein Charakter.
Achte auf Deinen Charakter, denn er wird Dein Schicksal."

„Habe die Gelassenheit, Dinge hinzunehmen, die du nicht ändern kannst. Habe den Mut, Dinge zu verändern, die du ändern kannst. Und habe die Weisheit, das eine vom anderen zu unterscheiden."